Knaur

Von Eva Heller sind außerdem erschienen:

Der Mann, der's wert ist (Band 60725 und Band 65075)
Erst die Rache, dann das Vergnügen (Band 61036)

Über die Autorin:

Eva Hellers *Beim nächsten Mann wird alles anders, Der Mann, der's wert ist* und *Erst die Rache, dann das Vergnügen* gehören zu den meistgelesenen Romanen der letzten Jahre und wurden bzw. werden auch verfilmt.
Sie schrieb u. a. aber auch das Fachbuch über Farbpsychologie *Wie Farben wirken*. Ihr Kinderbuch *Die wahre Geschichte von allen Farben* wurde 1995 für den Deutschen Jugendbuchpreis nominiert. 1996 erschien die von Michael Sowa illustrierte Weihnachtsgeschichte *Das unerwartete Geschenk. Vom Weihnachtsmann und von Frau Glück und Herrn Liebe.*
Ihre Cartoons wurden in zahlreichen Zeitschriften und Zeitungen publiziert, u. a. in *Brigitte, Bunte, Frankfurter Rundschau, freundin, Psychologie heute, Stern.*

Eva Heller

Cartoons

Knaur

Besuchen Sie uns in Internet:
www.droemer-knaur.de

Vollständige Taschenbuchausgabe Februar 1999
Droemersche Verlagsanstalt Th. Knaur Nachf., München
Der vorliegende Band wurde zusammengestellt aus
den 1984 und 1987 im Lappan Verlag erschienenen Cartoonbänden:
»Küß mich, ich bin eine verzauberte Geschirrspülmaschine!«
und »Vielleicht sind wir einfach zu verschieden!«

Umschlaggestaltung unter Verwendung
einer Zeichnung von Eva Heller: Agentur Zero, München
Druck und Bindung: Clausen & Bosse, Leck
Printed in Germany
ISBN 3-426-61102-3

2 4 5 3 1

Ach du, weißt du, ich will keine so enge Zweierbeziehung – sollen wir nicht lieber heiraten?
Eva H.

MIT DEN AUGEN DER LIEBE

Und wie er lacht!
Ähem. Also'n irre guter Typ. - Ganz objektiv.
"Ich weiß nicht, ob du eine Frau bist, der ein Mann Feuer geben soll" - hat er zu mir gesagt!!
Süß!!

Nur was mich so wahnsinnig schafft...
Warum hat so'n Typ keine feste Beziehung? Oder nicht wenigstens 'ne Ehefrau??
Vielleicht ist er total bindungsunfähig

Vielleicht so'n Mamasöhnchen,
das nicht durchblickt... oder er
macht gerade 'ne Psychoanalyse
und ist emotional blockiert...
oder ein zickiger Steinbock mit
Aszendent Widder... oder etwa
so'n 17-Jahr-Blondes-Haar-Hirni?
Oder er steht überhaupt nicht auf Frauen!
Eh alles sinnlos...

so'n Typ wie der
will mich
eh nich'.

Wie steh ich denn da
vor ihm? Wie die
letzte trübe Tante, die
keiner haben will,
steh ich da vor ihm!

Warum bloß hab ich ihn gerade jetzt kennengelernt?! Ausgerechnet jetzt, wo ich gerade auch solo bin!
Eva H.

Unglückliche Verhältnisse

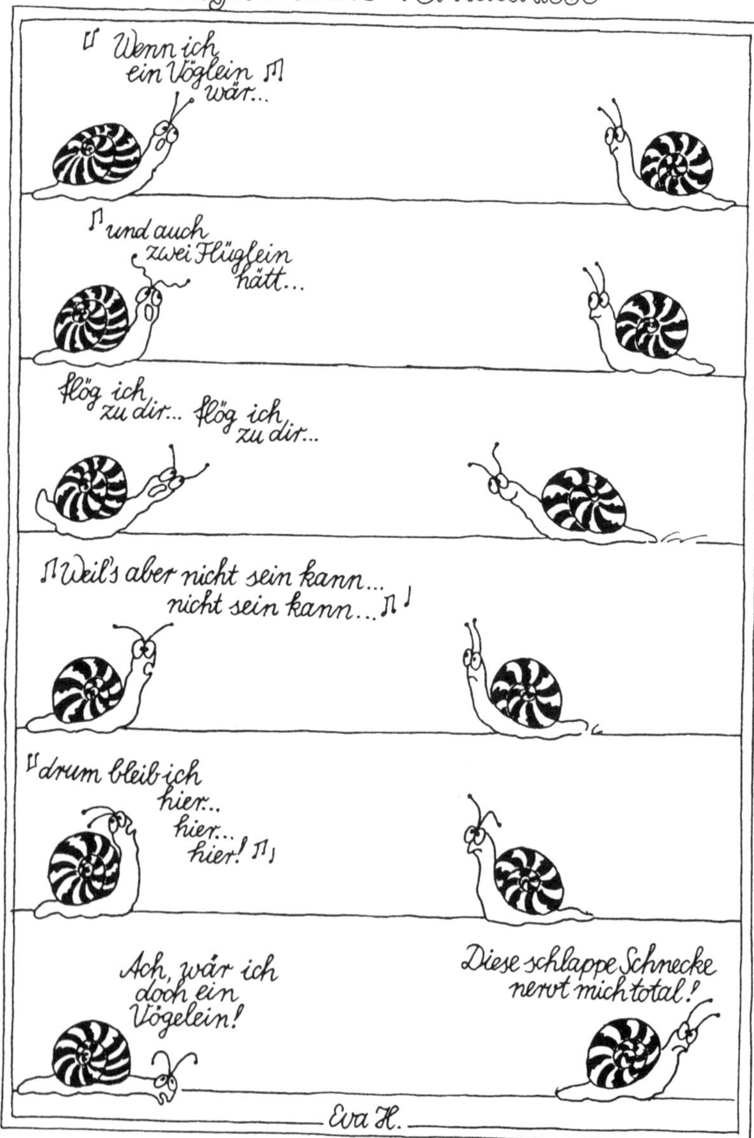

Früher dachte ich: Ich muß jeden Mann, mit dem ich schlafe auch heiraten!
Heute denke ich: Mit jedem Mann, den ich heirate muß ich auch schlafen!
Eva H.

So war ich ganz bestimmt nicht, als ich jung war!
So werd' ich ganz bestimmt nicht, wenn ich alt bin!
Eva H.

Kultur für Frauen

Ein Lebe

Vom Mädchen zur Frau
Kleine Blumenfibel
Wie finde ich den richtigen Mann?
DIE VOLLKOMMENE EHE
DIE MUTTER und IHR 1. KIND
HANDBUCH DER SCHNITTBLUMEN

nit Büchern

Eva H.

Frauenlektüre

Könnten Sie das etwas exakter spezifizieren?
Ja was gibt's denn da so?

Wünschen Sie eine psychologische Erklärung des Frauseins? Oder eine soziologische Analyse des Frauwerdens? Oder was Feministisches über das Frauenmögliche?
Studien über Frauen der klassischen Antike?

Frauen der mitteleuropäischen
Romantik? Oder über die ganz
neue Frau? Was Biographisches
über bekannte Frauen oder über
die Frauen berühmter Männer?
Oder was Biologisches über
feminine Sprach-
strukturen?
Ja also-äh-
eigentlich-wie
soll ich sagen-
ich
wollt
nämlich
also-

Ach so! Gesellschafts-
kritische Analysen
weiblicher Sexualität
finden Sie vorn links. Und
die erotische Literatur,
die steht dort
hinten rechts.

Oben stehen jeweils die Bücher die Frauen geschrieben haben – unten jeweils die von Frauenkennern.
Sehr praktisch aber...

...aber wissen Sie, eigentlich möcht ich was Unterhaltsames. Was mit einem richtigen Happy-End. Wenn's geht.
Ach so! Einen Frauenroman wollen Sie! Einen Frauenroman! Hab ich mir doch gleich gedacht

→

Da haben wir vier Stück sogar als Sonderangebot. Mit echtem Lederrücken und Goldprägung

Voilà Madame:
"Sissi die junge Kassiererin"
"Nachtschwester Isadoras Tagträume"
"Tränenblind ins Glück"
"Liebe hat nur fünf Buchstaben".
Also, aber es soll doch was Anspruchsvolles sein

...ein Buch, mit dem ich mich auch selbst identifizieren kann. Es darf schon was Modernes und Kritisches sein – nur unterhaltsam eben.

Und was verstehen Sie unter einem Happy-End? Meinen Sie einen Roman, wo die Heldin am Schluß heiratet?

Oder möchten Sie ein Happy-End, wo die Heldin ihren Ehemann verläßt?

Ich glaub ich nehm doch lieber was ganz anderes - führen Sie auch Frauenkochbücher?
Eva H.

Obs edler im Gemüth
die Pfeil und Schleudern
des wüthenden Geschicks
erdulden oder sich waffnend
gegen einen See
von Plagen
Schon wieder Hamlet!
Kotelett wär mir ehrlich lieber
Eva H.

Ausländische Filme sehe ich am liebsten in der Orginalfassung mit deutschen Untertiteln...

schließlich ist Lesen mein Hobby
Eva H.

Was andere lesen

Soll ich's als Geschenk einpacken?
Danke. Ich will's erst mal selbst -äh- einpacken.

Tag. Ich muß da eine wissenschaftliche Studie machen. Über das englische Königshaus...

und dafür benötige ich ganz dringend was über Lady Diana Frances Spencer.
Wie wird man Prinzessin
Das zu 4.80 nehm ich. Und bitte schreiben Sie auf die Quittung „Medizinisches Fachbuch".

Tag'chen.
Tag'chen.
Also meine Oma hat Geburtstag, und ich wollt ihr mal was richtig Nostalgisches schenken. Ein Buch dacht' ich nämlich, wissen Sie?
Aber sowas richtig Irres. So'n Bildband über die Di, dachte ich nämlich. Also hat mir 'ne Bekannte empfohlen. So um die 10 Mark rum.
Hier: „Meine Freundin Diana". Von Hildegard Kneif.
Als Geschenk verpacken?
Nö. Nämlich mein Bruder wollt's erst nochmal angucken.

Grüß Gott. Die Sonderausgabe zum 3. Jahrestag vom ersten offiziellen Auftritt von Diana hätt' ich gern. Wissen Sie, da wo sie dieses Kleid anhatte!
Gewiß Gnä' Frau.
Sind da auch Fotos vom Baby drin?
Von William 16 Fotos in Farbe und 73 in schwarz-weiß.
DIANA
Süß was! Aber die Nase hat er vom Opa!
Und das Kinn von der Anne. Süß!
Bitte packen Sie's ein bißchen nett ein. Es ist nämlich für meine Tochter.
Eva H.

Genau! Du bist zu dick!
Eva H.

mir persönlich sind Bücher zu trocken
Eva H.

A.
B.
Ein GUTES Buch
Ein SCHLECHTES Buch
Eva H.

Keiner liest mich
Eva H.

Wir leiden doch heutzutage alle unter Substanzverlust
Eva H.

Eva H.

Seltsames Rezept für Buchstaben-Suppe!
Eva H.

Mist!
Schluß jetzt, Helmut! Feierabend! Hör endlich auf, dich hinter deiner Arbeit zu verstecken!
Eva H.

Überaus schade Madame,
daß Sie nicht sehen können,
wie überaus grandios Sie mit
dieser Frisur aussehen!
Eva H.

Schönheit für alle

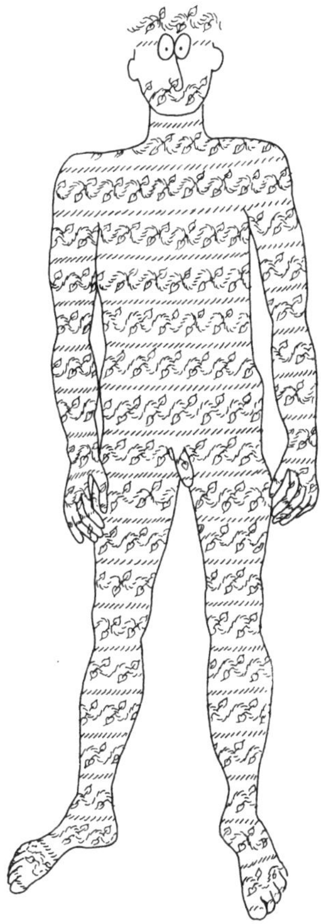

Der tapezierte Mann

Aus der Serie:
Machen Sie das Beste aus Ihrem Typen

Jede Eitelkeit ist dir fremd -ich weiß es- aber laß es mich trotzdem sagen...

dein Haar ist wunderbar heute abend!
Eva H.

Mein Kompliment, Frau Großmutter, Euer fesches Lederwams schmücket Euch höchst liebreizend!
Danke, mein Kind. Aber dein neuer Fummel ist ja auch total oberaffengeil!
Eva H.

Der erotische Mann

Meine lieben Herren! Jeder von Ihnen träumt davon, ein erotischer Mann zu sein. Nur leider wissen die meisten Männer immer noch nicht, wie sie auf Frauen wirken
Eine mehrmals um den Kopf gewickelte Haarsträhne-ha ha ha-täuscht keine Frau! Bekennen Sie Glatze!
Lernen Sie lieber Ihre mangelnde Haarpracht durch ein stets strahlendes Lächeln wettzumachen.

Wissen Sie, wieviel PS ein Lamborghini hat?
Ja, aber wissen Sie auch, wieviel Kalorien eine Erdnuß hat?!
Meine Herren: Solange Sie sich den Lamborghini nicht leisten können, können Sie es sich auch nicht leisten, mit Bauch und Hängebäckchen herumzulaufen.

In Ihrer Gegenwart, im Gespräch mit Ihnen, – werden Frauen dann oft unruhig, zittrig, bekommen weiche Knie?
Ja? Dann sollten Sie dringend kontrollieren, o
Sie Mundgeruch haben!
Und noch was: ungepflegte Kleidung, abgerissene Knöpfe, schiefe Absätze etc., wecken bei einigen Frauen allenfalls Mutterinstinkte – wirken aber keinesfalls erotisierend!
Schluß jetzt!

Manipulatives Gewäsch! Und sowas zur besten Sendezeit!
Hildegard! Hildegard! Hörst du mich?!
An meinem Hemd fehlt schon wieder ein Knopf! Und wann endlich bringst du meine Schuhe weg?!
Eva H.

Falten

Ich bin stolz auf meine Falten!
Ich bin stolz auf jede meiner Falten!
Hä !!?! Wer ist denn da?

Wer ist da?!?
Falten sind wunderschön! Wunder-wunder-schön!

Die Stimme kam von dort...

→

Wer ist da bitte in meinem Kleiderschrank?
Ich bin stolz auf meine Falten! Jawohl!

Ich bin st
Huch!

Kaum zu glauben! Mein Faltenrock! Mein eigener Faltenrock narrt mich! Ruhe jetzt!
Man wird ja wohl noch sagen dürfen, daß man ein kleinwenig stolz ist auf seine Falten

Ha! Stolz auf Falten! Ha! Dachte ich mir's doch gleich, daß das nur ein blöder Witz sein kann!
Eva H.

Ehrlich, ab morgen mach' ich Diät!

Ja, ja – und vier Wochen später haste alles wieder drauf!
immer dasselbe mit ihm
ich kann's auch nicht mehr hören
Eva H.

GESUNDHEITSBEWUSSTSEIN

im Garten pro Kännchen
nur ein Würfelzucker
im Doppelpack,
Madame!
Ja gut.
Aber mit
Süßstoff
bitte

Da steht's ja
ganz exakt:
Ein Würfelzucker
hat 19 1/2 Kalorien
- das ist
vertretbar

100 Gramm Eiscreme	205 Kalorien
Portion Schlagsahne	151 Kalorien
2 Eiswaffeln	42 Kalorien
10 Gramm Krokant	66 Kalorien
2 cl Apricot-Brandy	60 Kalorien
1 Aprikose (ohne Stiel)	35 Kalorien

Sie hatten die Eierlikör-Torte bestellt
Nein. Nein. Nein.

Eierlikör-Torte!?
Steht hier nicht...
Vielleicht 526 Kalorien wie Sachertorte?
Nein, sicher nur 357 wie Linzer Torte.
Sah eigentlich aus wie Obstkuchen:
163 Kalorien.

→

Hatten Sie bereits bestellt?
Jawohl! Einen Kaffee!
Madame, im Garten nur Kännchen!
Ja, eine Kanne Kaffee

Und...äh... ein Stückchen Eierlikör-Torte.
Sehr wohl.

Selbstverständlich,
Madame.
Aber bitte mit Sahne!

Es ist schließlich gesünder,
langsam
abzunehmen.
Eva H.

DEM
DEUTSCHEN
WITZBLATT-
ZEICHNER
Eva H.

Stadt- und Landflucht

MODERNES WOHNEN: AUSSENANSICHT

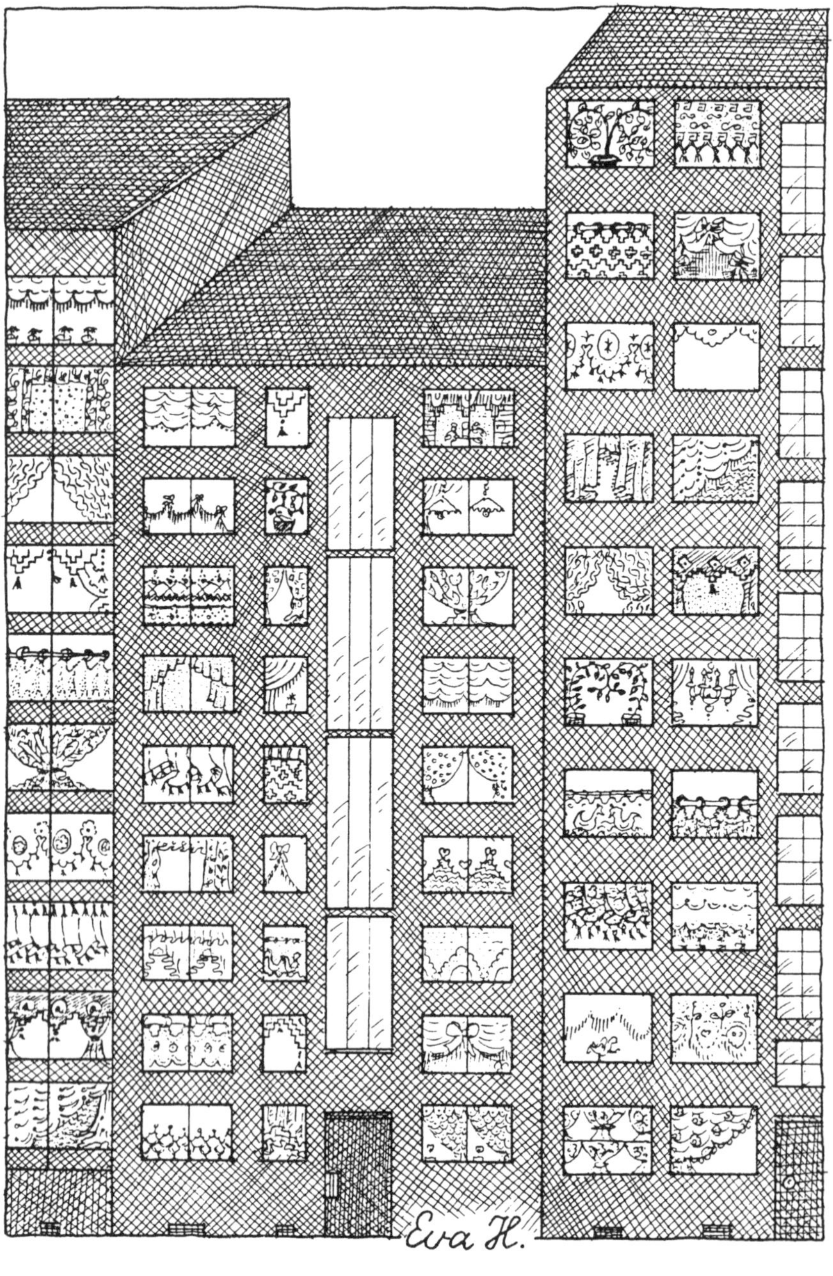

...und ein Blick hinter die Betonfassade – mitten hinein in die moderne Wohnkultur!

Da drüben im zweiten Block, achter Stock links, da wo am Balkon die Zimmerlinde steht - das ist mein Elternhaus
Eva H.

Wenn ich alle Vorhänge fertig gehäkelt hab, will ich einen Teppich knüpfen
Eva H.

Die Axt im Haus erspart das Zimmermädchen!
Eva H.

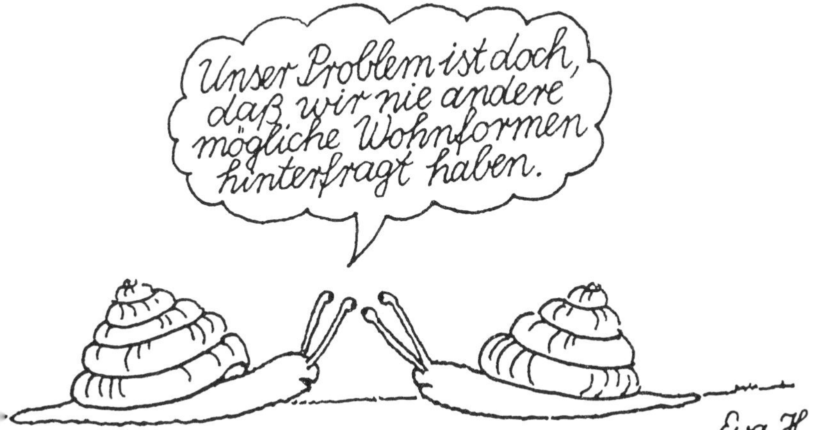
Unser Problem ist doch, daß wir nie andere mögliche Wohnformen hinterfragt haben.
Eva H.

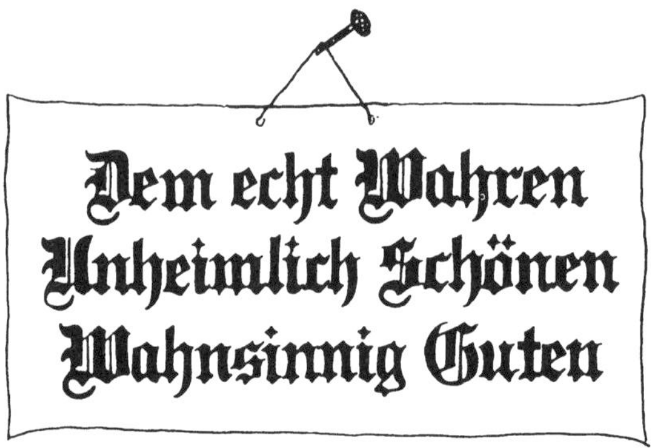
Dem echt Wahren
Unheimlich Schönen
Wahnsinnig Guten

• EWIGE FRAGEN •

....desto schöner die Gäste

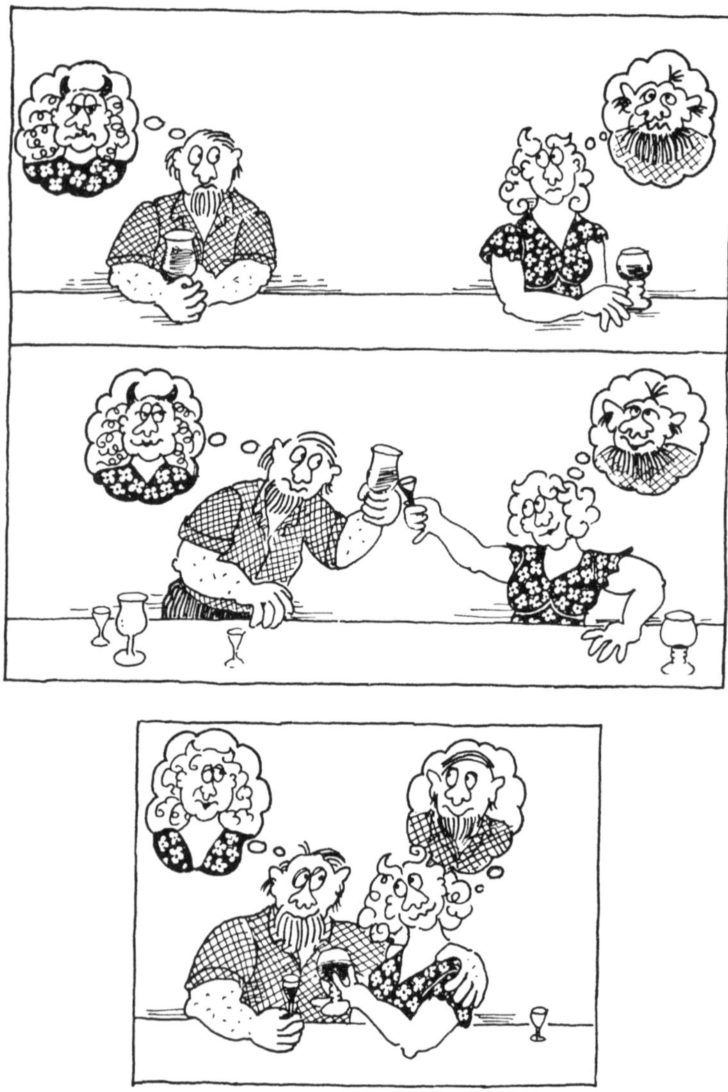

Eva H.

Neue Verhältnisse

t du meine
Lebensgefährtin
erden?
Eva H.

Ich wollte dir nur dies sagen: Zwischen uns ist es aus!
Ich wollte dir nur dies sagen: Zwischen uns ist es aus!
Ich wollte dir nur dies sagen: Zwischen uns ist es aus!
Ich wollte dir nur dies sagen: Zwischen uns ist es aus!
Ich wollte dir nur dies sagen: Zwischen uns ist es aus!
Ich wollte dir nur dies sagen: Zwischen uns ist es aus!
Ich wollte dir nur dies sagen: Zwischen uns ist es aus!
Eva H.

Endlich allein!
Ich muß jetzt
erst mal wieder
zu mir selbst
finden
Eva H.

Neue Moral
①
③
Das erinnert mich an diese Fabel von Äsop
④

... da ist ein Fuchs, der will ein paar Trauben haben, aber die hängen zu hoch. Und weil er da nicht rankommt, tröstet er sich eben, daß die Trauben sowieso sauer wären, und daß er sie überhaupt nicht will.
5
Welch feinsinnige Moral! Diese Fabeln machen mich immer total nachdenklich.
6
Wenigstens blieb früher die Illusion. Und jene heimliche Hoffnung auf bessere Umstände dereinst, die wir heute längst aufgegeben haben...
7
...heutzutage sind sowieso alle Trauben mit allen möglichen Giftstoffen gespritzt.
8
Eva H.

Nieder mit der Hölle häuslichen Glücks!
Eva H.

Ihr, die ihr hier eintretet lasset alle Hoffnung hinter euch
...und eines Tages wird dies alles dir gehören
Eva H.

Unser Favorit
Bello Bissig
der Katzenfreundliche
Liste 3:
GANZ KLAR!
KATZEN WÄHLEN
TATZEN!
PAUL PINSCHER
LISTE 2:
Grüne Pfote
Vortrag von
Klaus Kläffer
Warum einige meiner besten Freunde Katzen sind
soll das etwa heißen, du würdest lieber für irgendeine Katze stimmen - statt für einen qualifizierten und erfahrenen Hund?!
Typisch Hund!
Manuela von Mietzen
LISTE 3.
Eva H.